ANNA SCHLÜTER

KINDER, SINGT MIT UNS!
WATOTO, IMBENI NA SISI!
CHILDREN, SING WITH US!

Kinderlieder aus Kenia in Suaheli
mit deutscher und englischer Übersetzung

Impressum

© 2024 by Anna Schlüter

Einband: Kinder aus Kristina Academy, Tiwi, Kenia
Konzeption, Text & Fotos: Anna Schlüter
Grafische Gestaltung: Andreas Berzdorf
Notation: Anna Seropian

Verlag: BoD • Books on Demand GmbH, In de Tarpen 42, 22848 Norderstedt
Druck: Libri Plureos GmbH, Friedensallee 273, 22763 Hamburg
ISBN: 978-3-7597-9449-9

Der Erlös aus dem Verkauf dieses Heftes geht ausschließlich an den gemeinnützigen Verein ASANTE e.V.

Anna Schlüter studierte Anglistik und Romanistik, ehe sie für einige Jahre in Vermont, USA und in Paris, Frankreich, unterrichtete. Nebenher studierte sie Schauspielkunst und schloss sich einer Laienschauspielgruppe an. Zurück in Deutschland arbeitete sie viele Jahre als Assistentin von Werner Schmalenbach, dem Leiter der Kunstsammlung Nordrhein-Westfalen, Düsseldorf. Nach dessen Tod volontierte sie bei ASANTE e.V. in Tiwi, Kenia, ehe sie ihr Kunstgeschichtsstudium begann und mit dem Master abschloss.

Anna Schlüter studied English and Romance languages before teaching for several years in Vermont, USA and in Paris, France. At the same time, she studied acting and joined an amateur acting group. Back in Germany, she worked for many years as Werner Schmalenbach's assistant in the Kunstsammlung Nordrhein-Westfalen, Düsseldorf. After his death, she volunteered at ASANTE e.V. in Tiwi, Kenya, before starting her art history studies and completing her master's degree.

INHALT / CONTENTS   SEITE / PAGE

Einführung

Die zwölf Kinderlieder in Suaheli habe ich 2012 in Tiwi, Kenia mit Kindern und Lehrern der ASANTE-Schulen Kristina Academy und Redeemed Academy aufgezeichnet und in kleiner Auflage drucken lassen. Als sie vergriffen war, erhielt ich immer wieder Anfragen, so dass ich mich nun zu dieser Neufassung entschloss. Für diese Version wurde die Notation der Lieder überarbeitet. Außerdem wurde sie durch die englische Übersetzung erweitert

Wie kam es zu dem Projekt? Ich volontierte bei ASANTE e.V. und führte dort erstmalig für die Schüler Theaterprojekte durch. Gegen Ende meiner Zeit wollten auch sie mir etwas aus ihrer Lebenswelt schenken. Sie stellten sich in der Gruppe auf und sangen für mich ihre Lieder. Dieser herzlichen und auch von Selbstbewusstsein zeugenden Geste begegnete ich mit dem Vorschlag, ihre Lieder niederzuschreiben und gemeinsam zu übersetzen, damit sie auch von Kindern in Deutschland und Europa verstanden und gesungen werden können. Sie waren begeistert! Die Aussicht, Kinder im Ausland würden ihre Lieder einstudieren, beflügelte ihren Eifer, die Lieder mit ihren Zeichnungen zu illustrieren.

Die Küstenregion um Tiwi ist sehr arm. Viele Kinder sind Waise, weil ihre Eltern an AIDS gestorben sind. Sie werden als wirtschaftliche Belastung in ihren Sippen hin- und hergeschoben, und so halten sich ihr Aktionsradius und ihr Selbstbewusstsein in engen Grenzen. Aber wenn sie singen, blüht ihre Lebensfreude sichtbar auf. Erfinderisch und souverän begleiten sie ihren Gesang mit rhythmischen Bewegungen, sie klatschen, tanzen oder machen kleine Gesten, die den Inhalt des Liedes veranschaulichen.

In Kenia sind Englisch und Suaheli die Amtssprachen, doch jede Region bzw. Ethnie hat ihren eigenen Dialekt. Suaheli ist in ganz Ostafrika die Verkehrssprache. Sie wurzelt in afrikanischen, arabischen und indischen Sprachen und hat durch die Kolonisation englische und deutsche Lehnwörter aufgenommen. Die Aussprache ist für einen deutschen Muttersprachler nicht schwer. Nur wenige Buchstaben werden anders ausgesprochen als im Deutschen:

j	wie englisch „joke“,
ch	wie deutsch „tsch“,
sh	wie deutsch „sch“,
z	wie „s“ in summen,
v	wie deutsch „w“,
w	weicher gesprochen, gehaucht, wie englisch „why“.

Für uns sind zudem Konsonantenkombinationen wie zum Beispiel „mt“, „ng“ oder „mz“, gerade am Anfang von Wörtern, ungewöhnlich. Die einzelnen Buchstaben werden nacheinander ausgesprochen. In den Liedern werden diese Buchstabenkombinationen aber manchmal ein-, manchmal zweisilbig gesprochen. Dies ist in der Notation klar angezeigt. Kinder haben oft Freude an Wortneuschöpfungen, und sie sind stolz und neugierig, Wörter anderer Sprachen zu kennen. So hoffe ich, dass Kinder in Deutschland und anderswo die Lieder in Suaheli spielerisch und voller Neugier aufgreifen.

Erzählungen und Musik werden in Afrika von Generation zu Generation mündlich weitergegeben. Dadurch bleiben sie lebendig. So findet man Melodien und Liedtexte in vielen Varianten vor – inzwischen auch per Video im Internet. Ich habe mich in meiner Auswahl von den Vorschlägen der Kinder und Lehrer und von ihrer Entschiedenheit beim Singen leiten lassen.

Einige Lieder erinnern in Text und/oder Melodie deutlich an deutsche und englische Kinderlieder. Dies ist nicht verwunderlich vor dem Hintergrund der Kolonisation durch Deutsche und Briten und den Missionaren, die dort Schulen gründeten. Man mag den hybriden Charakter der Lieder – europäisch wurzelndes Liedgut in Suaheli - und auch die im Cover abgebildete Schulkleidung als koloniale Spuren kritisch betrachten. Sie spiegeln die aktuelle Realität der Kinder, die dank ASANTE e.V. Bildung, Nahrung und Schulkleidung erhalten. Diese Kinder erfahren sich selbstbewusst in ihrer Schulzugehörigkeit als Hoffnungsträger*innen einer extrem armen Gesellschaft, die sich weitgehend mit importierter second-hand-Ware aus unseren Containern kleidet und keine staatliche Bildungsförderung erfährt.

In der afrikanischen Tradition bilden Musiker und Publikum eine lebendige Gemeinschaft. Auf Zurufe oder spontane Tanzeinlagen antwortet die Menge ganz selbstverständlich. Auch Wiederholungen sind typisch für die afrikanischen Gesänge, und durch die Wiederholung finden alle ihren Weg mitzusingen. Ich habe bewusst darauf verzichtet, Vorschläge für begleitende Gestik und Mimik anzuführen. Wenn Sie diese Lieder mit Kindern einstudieren, kommt es nicht auf die perfekte Erfüllung einer Vorlage an, sondern auf spielerische Lebendigkeit und das Bewusstmachen eines gedachten Dialogs mit Kindern fernab in Afrika. Wenn ein Kind eine Idee bzw. Geste vorbringt, können die anderen Kinder sie einfach imitieren. Aus der gemeinschaftlichen Aktion heraus traut sich manches Kind, weitere Vorschläge einzubringen. Ich vertraue auf den Einfallsreichtum der Kinder.

Noch ein Wort zur Notation: x-Noten bedeuten gesprochene oder gerufene Silben im aufgezeichneten Rhythmus.

Ich wünsche Ihnen viel Freude beim Singen!

Anna Schlüter

Introduction

I recorded the twelve children's songs in Swahili in Tiwi, Kenya in 2012 with children and teachers from the ASANTE schools Kristina Academy and Redeemed Academy and had them printed in a small edition. When it was out of print, I kept receiving requests, so I decided to publish a new version. It has been supplemented by the English translation and the notation of the songs has been revised.

How did the project come about? I volunteered at ASANTE e.V. and conducted theatre projects for the pupils. Towards the end of my time they also wanted to teach me or give me something. They lined up and sang their songs for me. I responded to this heartfelt gesture, which also testifies much self-confidence, with the suggestion that a selection of their songs be written down and translated, so that they can also be understood and sung by children abroad. They loved it! The prospect of children far away rehearsing their songs fuelled their eagerness to illustrate the songs with their drawings.

The coastal region around Tiwi is very poor. Many children are orphans because their parents died of AIDS. They are shunted back and forth in their clans as an economic burden, and so their radius of action and their self-confidence are limited. But when they sing, their joie de vivre blossoms. Inventive and confident, they accompany their singing with rhythmic movements, they clap, dance or make small gestures that illustrate the content of the song.

In Kenya, English and Swahili are the official languages, but each region or ethnicity has its own dialect. Swahili is the lingua franca throughout East Africa. It is rooted in African, Arabic and Indian languages, and has absorbed English and German loanwords through colonization. The pronunciation is not difficult for a native English speaker. Most consonants are pronounced like in English:

g   like in English "gang"
j   like in English "joke"
ch   like in English "witch"
sh   like in English "shirt"
z   like in English "buzz"
v   like in English "vault"
w   like in English "why".

Vowels can be pronounced differently:
a   like in English "bath"
e   like in English "edit"
i   like in English "bit
o   like in English "on
u   like in English "boot"

For us, consonant combinations such as „mt", „ng" or „mz" at the beginning of words, are unusual. The individual letters are pronounced one after the other. In the songs, however, these letter combinations are sometimes spoken in one or two syllables. This is clearly indicated in the notation. Children often enjoy inventing new words and they are proud and curious to learn words in other languages. I hope that children in the English speaking world will take up these songs in Swahili full of curiosity and playfulness.

In Africa stories and music are passed on orally from generation to generation, and they remain alive as a result. You can find melodies and lyrics in many variations – now also via video on the Internet. I was guided in my choice by the suggestions of the children and teachers and by their determination in singing.

Some songs are reminiscent of German and English children's songs in terms of lyrics and/or melody. This is not surprising considering the background of colonization by the Germans and British, along with missionaries, who founded schools there. One may critically view colonial traces like the hybrid character of the songs - European-rooted songs in Swahili - and also the school clothing as shown on the cover. They reflect the actual reality of the children who get no state educational support, but thanks to ASANTE e.V. they receive education, food and school clothing. These children identify themselves self-confidently in their school affiliation as bearers of hope in an extremely poor society that mainly wear imported second-hand goods from our containers.

In the African tradition, musicians and audience form a lively community. The crowd responds to shouts or spontaneous dance interludes as a matter of course. Repetitions are also typical of African chants, and through repetition everyone finds their own way to sing along. I have deliberately refrained from making suggestions for accompanying gestures and facial expressions. If you're rehearsing these songs with kids, it's not about the perfect fulfilment of a template, but about playful liveliness and raising awareness of an imaginary dialogue with children far away in Africa. When one child brings up an idea or gesture, the other children can simply imitate it. As a result of the joint action, some children dare to make further suggestions. I trust in the ingenuity of the children.

A word about notation: x-notes mean spoken or called syllables in the recorded rhythm.

I hope you enjoy singing!

Anna Schlüter

MASKINI PUNDA

Maskini Punda alinyimwa pembe.
Akapewa masikio badala ya pembe.
Ai pembe, ai pembe,
Pembe, pembe, pembe!

Armer Esel, hast keine Hörner.
Hast nur Ohren anstatt Hörner.
Ach Hörner, ach Hörner,
Hörner, Hörner, Hörner!

Poor donkey, you got no horns,
You only got ears instead of horns.
Oh dear, horns! Oh dear, horns!
Horns, horns, horns!

ZUM, ZUM, ZUM

Zum, zum, zum, nyuki lia wee (2x)
Maua mazuri yapendeza.
Ukiyatazama, utachekelea!
Hakuna hata mmoja, lisilopendeza.
Zum, zum, zum, nyuki lia wee.

Summ, summ, summ, die Bienen summen
Die schönen Blumen gefallen ihnen sehr.
Schau an, wie schön sie sind!
Da ist keine, die nicht wunderbar ist.
Summ, summ, summ, die Bienen summen.

Buzz, buzz, buzz, bees buzzing
They really like the beautiful flowers.
Look how lovely they are.
There isn't one that is not desirable.
Buzz, buzz, buzz, bees buzzing.

CHEZA

Die Kinder stehen im Kreis und klatschen im Rhythmus. Ein Kind („NAME") wird aufgerufen, das Kind tritt hervor und tanzt; so kommt jedes einmal an die Reihe zu tanzen.

The children stand in a circle and clap in rhythm. A child ("NAME") is called, the child comes forward and dances; So everyone gets their turn to dance.

Cheza
Kata, kata mnyonge! (2x), "NAME" Kata,
kata mnyonge! (2x), "NAME"
Kata mnyonge, anakata (2x)
Kata mnyonge, ah, kata mnyonge!

Reigen	Round Dance
Komm, komm schon, Angsthase!	Come on, come on, scaredy-cat!
"NAME", komm schon, Angsthase!	"NAME", come on, scaredy-cat!
Er/sie tritt heraus.	He/she sets out.
Ah, komm schon, Angsthase!	Ah, come on, scaredy-cat!

MIMI NI BIRIKA MDOGO

Mimi ni birika mdogo,
Mfupi na mnono.
Huu ni mkono wangu
Na huu ni mdomo wangu.
Chai ikiwa tayari namwaga juu.
Chai ikiwa tayari namwaga chini.

Ich bin ein kleiner Teekessel,
klein und rund.
Dies ist mein Griff,
und das ist meine Tülle.
Wenn der Tee fertig ist, hörst du mich pfeifen.
Wenn der Tee fertig ist, gießt du mich aus.

I'm a little tea pot,
small and stout.
This is my handle
and that's my spout.
When tea is ready you hear me whistle.
When tea is ready you pour me out.

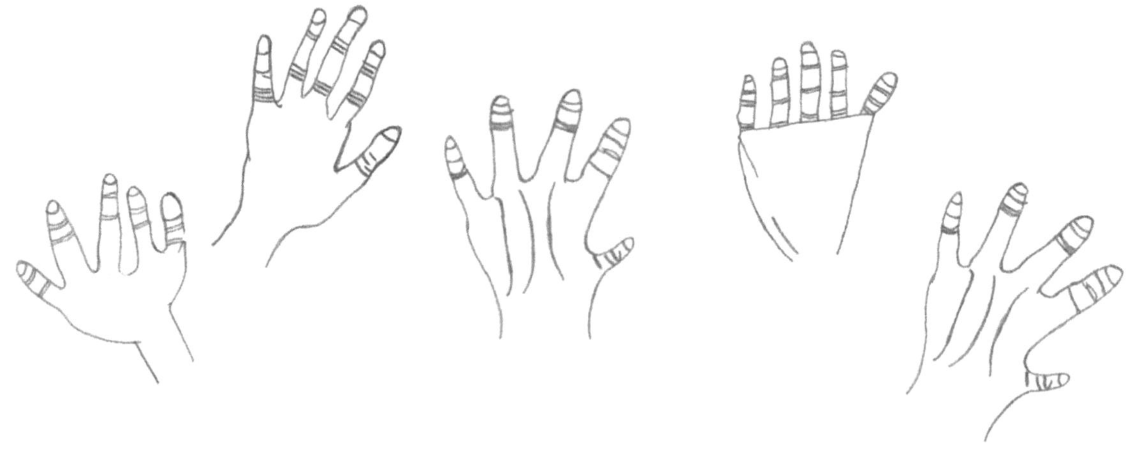

VIDOLE VYA MIKONO YANGU

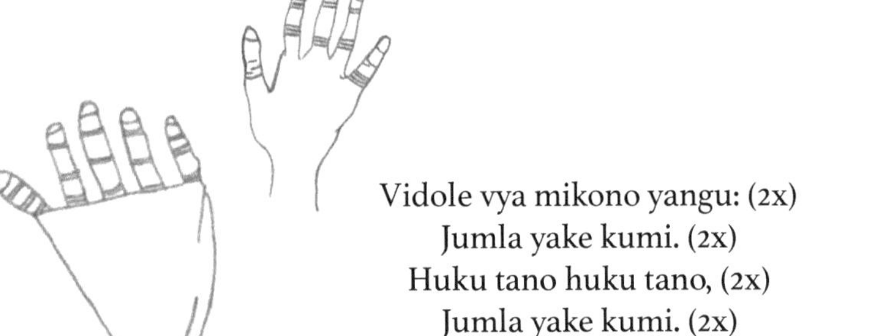

Vidole vya mikono yangu: (2x)
Jumla yake kumi. (2x)
Huku tano huku tano, (2x)
Jumla yake kumi. (2x)

Die Finger an meiner Hand:
Es sind zehn insgesamt.
Hier fünf, da fünf,
es sind zehn insgesamt.

The fingers of my hand:
They are ten altogether.
Five here, five there,
they are ten altogether.

NASIKIA SAUTI

Nasikia sauti. (2x)
Sauti ya mama. (2x)
Sasa ni saa sita. (2x)
Mwalimu kwa heri,
watoto kwa heri.
Twende sote. (2x)
Tuamuaga mwalimu.
Tuaga watoto!
Ho kwaheri! (3x)

Ich höre eine Stimme.
Das ist meine Mama.
Es ist Zeit zu gehen.
Tschüss Lehrer,
tschüss Kinder.
Lasst uns nach Hause gehen.
Auf Wiedersehen, Lehrer.
Auf Wiedersehen, Kinder!
Tschüss, tschüss!

I hear a voice.
That's my mum.
It is time to leave.
Bye bye teacher,
Bye bye children.
Let's go home.
Bye bye, teacher.
Bye bye children!
Bye bye!

MABATA MADOGODOGO

Mabata madogodogo
Yanaogelea (2x)
katika shamba mzuri.
Ya miti ya juu.
Yanafanya kwa kwa, kwa, kwa.
Yanafanya kwa kwa, kwa.
Vichura Vichura, Vinasikitisha.
Havina mabawa ya kurukia.
Kuru kwa kwa kwa,
kuru kwa kwa kwa, iah!

Kleine Entchen
tummeln sich am See
auf unserem Hof mit den hohen Bäumen.
Sie machen munter quak quak quak.
Die Frösche blicken ihnen hinterher.
Sie können leider nicht fliegen.
Sie machen nur: kuru quak quak quak,
kuru quak quak quak, jaaaa!

Tiny little ducks
are splashing around at the pond
of our farm with the tall trees.
And they say quack quack quack,
toads would like to be like them
but they have no wings to fly high.
They only make croo quack quack, quack,
croo quack quack, quack, yeah!

BWANA TUMBO

Bwa-na tum-bo mwen-ye sham-ba a - li-pan-da via - zi, a - ka chim-ba chim-ba chi - ni

a - ka - pa-taal-ma - si, lo, lo, ba-ha - ti, kwa m - tu-mwen-ye sham - ba.

A-ka-tu-pa jem-be chi-ni a - ka-en-da mji - ni ku-nu-nu-a mo-to-ka-a sa-sa ni ta-ji - ri.

Bwana tumbo mwenye shamba,
Alipanda viazi,
aka chimba chimba chini
Akapata almasi,
lo, lo, bahati
Kwa mtu mwenye shamba.
Akatupa jembe chini akaenda mjini
kununua motokaa
sasa ni tajiri.
Ngaang. Bip bip!

Ein dicker Mann hatte einen Hof,
er pflanzte Kartoffeln
und grub tief, ganz tief.
Da fand er einen Diamanten.
Ho ho, welches Glück!
Für einen Mann, der Bauer war!
Er legte den Spaten nieder, ging in die Stadt
und kaufte ein Auto.
Jetzt ist er ein reicher Mann.
Brumm! Bip bip!

A big man had a farm,
He planted potatoes
and dug deep, deep down.
There he found a diamond.
Ho, ho, what a fortune!
For a man who was a farmer!
He put the spade down, went to town
and bought a car.
Now he is a rich man.
Vroom! Beep beep!

SIKILIZA MAMA WEE

Sikiliza Mama wee
Nikwambie kitu:
Mikono yangu midogo wee
Halwezi kufanya kazi (2x)
Lakini mpenzi mama wee,
Nitakua mkubwa
Nitaku saidia mama wee
Na wewe upumzike (2x)

Hör zu, Mama,
ich will dir etwas sagen:
Meine Hände sind so klein,
die können noch nicht arbeiten.
Aber, liebe Mutter,
wenn ich groß bin,
werde ich dir helfen,
und du wirst dich ausruhen!

Listen, Mum,
let me tell you something:
My hands are so small,
they can't work yet.
But, my dear mum,
When I will be grown up,
I will help you
and you will rest!

KENGELE YALIALIA

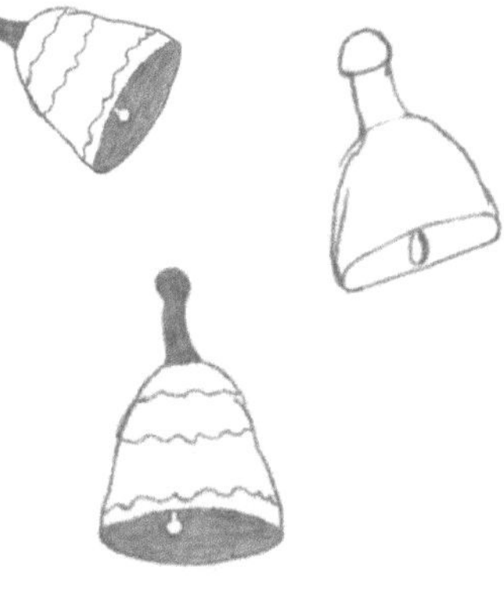

Kengele yalia lia (2x)
Saa zime kwisha kwisha (2x)
Mama leo, tumbo laniuma,
Siwezi kusoma soma (2x)
Mtoto Mvivu mvivu (2x)
Anapenda kulala lala (2x)
Tulivute dau la elimu,
tusirudi nyumanyuma (2x)

Die Glocke klingelt.	The bell is ringing.
Es ist Zeit.	Time is up.
Heute tut mein Bauch weh.	Today my stomach aches,
Mama, ich kann nicht lernen.	Mum, I can't learn.
Faules, faules Kind,	Lazy, lazy child,
Du willst immer nur schlafen.	you aways feel sleepy
Wir brauchen Bildung!	We need education!
Lass uns nicht zurückbleiben!	Let's not be left behind!

WATOTO WANGU WEE

Bei diesem Lied singt ein Kind die Stimme der Mutter (normal gedruckt), die anderen singen die Stimmen der Kinder (fett gedruckt). Der zweite Teil des Liedes wird nur gerufen! Szenisch steht die Mutter auf der einen Seite, die Kinder auf der anderen. „Der Löwe" befindet sich in der Mitte, läuft los bei „Sasa kimbieni" und versucht, ein Kind zu fangen.

In this song, one child sings the mother's words (normal print). The rest sing the children's words (in bold). The second part of the song is just shouted! Scenically, the mother stands on one side, the children on the other side. The lion is in the middle, starts running at "Sasa kimbieni" and tries to catch a child.

Watoto wangu jama - wee	Hallo Kinder!	Hello children!
Mimi mama yenu - wee	Ich bin eure Mutter,	I am your mother
Sina ngubu tena – wee	aber ich bin zu schwach	but I am too weak
Zakuhua simba – wee	um den Löwen zu jagen.	to hunt the lion.
Simba ni mkali – wee	Der Löwe ist so gefährlich:	The lion is so dangerous:
Aliuba baba – wee	Er tötete meinen Vater,	He killed my father,
Akarudi tena wee	kam zurück	came back
Akaua mama wee	und tötete meine Mutter.	and killed my mother.

Watoto wangu njooni! / **Twaogopa!** / Mwaogopa nini? / **Simba!** / Piteni na kando kando, / **Simba amelala** / **Sasa kimbieni!**

Oh, Kinder, kommt! / **Wir haben Angst!** / Wovor habt Ihr Angst? / **Vor dem Löwen!** / Lauft drumherum! / **Der Löwe schläft!** / **Los, laufen wir!**

Oh, children, come here! / **We are afraid!** / What are you afraid of? / **The lion!** / Turn around! / **The lion is sleeping** / **Let's go!**

NILIPOKUWA MDOGO

Nilipokuwa mdogo
Nilipewa maziwa
Nakanyaga kwa nguvu
Kama mzee ndovu.
Eee, eee, eee, ndovu. (3x)
Nimekuwa mkubwa
Nimepelekwa shule
Nina soma kwa bidii
Kama mtoto mzuri
Eee, eee, eee, mzuri! (2x)

Als ich noch klein war,
trank ich Milch.
Jetzt bin ich stark
wie ein großer Elefant.
E, E, E, Elefant.
Jetzt bin ich groß,
gehe zur Schule
und lerne fleißig
wie ein gutes Kind.
He, he, he, gut!

When I was a little child
I drank milk.
Now I am strong
like a big elephant.
E, e, e, elephant.
Now I am grown up,
I go to school
and I learn a lot
like a good child.
E, e, e, good!

Zeichnungen / Drawings

Maskini punda   Mariam Daima Kheri, 3. Klasse

Zum, Zum, Zum   Jeremia Lewa, 3. Klasse

Cheza   Halima Nafoo Suli, 3. Klasse

Mimi ni birika mdogo   Jackson Chuma, 2. Klasse

Vidole vya mikono yangu   Mohamed Nassir, 2. Klasse
                                       Bijuma Salim, 2. Klasse
                                       Mwanasha Salim, 2. Klasse

Nasikia sauti   Suleiman Mwadime, 2. Klasse

Mabata madogodogo   Hafsa Said Kizhondo Hamisi, 1. Klasse

Bwana tumbo   Juma und Uba Rama, 3. Klasse

Sikiliza mama wee   Juma Rama, 3. Klasse
                                       John Katena, 3. Klasse

Kengele yalialia   Suleiman Said, 2. Klasse

Watoto wangu wee   Tabitha Akirapa, 1. Klasse

Nilipokuwa mdogo   Juma Abdalla, 3. Klasse
                                       David Kaloki, 3. Klasse

Herzlichen Dank

sage ich allen Schülern der Klassen 1 bis 3 und den Lehrern von Asante e.V.: Asoka L. Kasi, Irene Tama, Roseline Owuor Achieng und Stella Mbalazi Kunje. Sie waren alle so interessiert und fröhlich engagiert, ihre meist geliebten Lieder vorzutragen, niederzuschreiben und ins Englische zu übersetzen.

Für weitere Übersetzungshilfe danke ich sehr herzlich den Asante Mitarbeiterinnen Halima Chiliko und Christine Munyasya.

Die Übersetzung vom Englischen ins Deutsche habe ich vorgenommen. Vivienne Schweikert und Loraine Martinek danke ich für ihr Korrekturlesen.

Anna Seropian überarbeitete die Notation der Lieder. Andreas Berzdorf gestaltete das Cover und das Layout. Ihnen danke ich von Herzen für ihr interessiertes Engagement.

Anna Schlüter

Thank you very much

I say this to all students in grades 1 to 3 and their teachers at Asante e.V. Asoka L. Kasi, Irene Tama, Roseline Owuor Achieng and Stella Mbalazi Kunje. They were all so interested and cheerfully engaged in performing, writing down and translating their most beloved songs into English.

I would like to thank the Asante staff members Halima Chiliko and Christine Munyasya very much for further translation help.

I did the translation from English into German. I would like to thank Vivienne Schweikert and Loraine Martinek for their proof reading.

Anna Seropian revised the notation of the songs. Andreas Berzdorf designed the cover and the layout. I would like to thank them from the bottom of my heart for their commitment and interest.

Anna Schlüter

Erfahren Sie mehr über die Kinder in Tiwi
und über Christine Rottland, die Gründerin von ASANTE e.V. :

www.asante-e.v.org.